VENTE

Du Jeudi 20 Mars 1884

HOTEL DROUOT, SALLE N° 5

à deux heures.

TABLEAUX ANCIENS

DE DIVERSES ÉCOLES

COMPOSANT

La Collection de M. le Docteur S.

EXPOSITION PUBLIQUE

Du Mercredi 19 Mars 1884

de une heure à cinq heures.

COMMISSAIRE-PRISEUR	EXPERT
Me P. CHEVALLIER	**M. B. LASQUIN**
10, rue Grange-Batelière.	*12, rue Laffitte.*

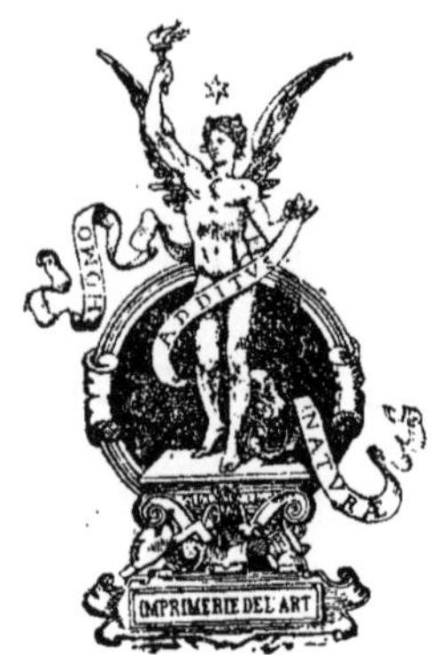
HOMO
ADDITVS
NATVRAE
IMPRIMERIE DE L'ART

CATALOGUE

DE

TABLEAUX ANCIENS

DE DIVERSES ÉCOLES

Composant la Collection de M. le Dr S...

ET DONT LA VENTE AURA LIEU

HOTEL DROUOT, SALLE N° 5

Le Jeudi 20 Mars 1884, à 2 heures

COMMISSAIRE - PRISEUR
Me PAUL CHEVALLIER
10, rue Grange-Batelière, 10

EXPERT
M. B. LASQUIN
12, rue Laffitte, 12

EXPOSITION PUBLIQUE

Le Mercredi 19 Mars 1884

DE UNE HEURE A CINQ HEURES

CONDITIONS DE LA VENTE

Elle sera faite au comptant.

Les adjudicataires paieront cinq pour cent en sus des enchères.

Paris. — Imprimerie de l'Art, J. Rouam, imprimeur-éditeur.
41, rue de la Victoire.

DÉSIGNATION

TABLEAUX

AELST

(GUILLAUME VAN)

1 — *Pêches et raisins noirs sur une table couverte d'un tapis rouge à franges d'or.*

Signé et daté 1679.

A. H.

(Monogramme)

2 — *Paysage avec troupeau auprès d'une cascade.*

ASCH

(PEETER VAN)

3 — *Paysage boisé, avec bergers au pied d'une cascade.*

VAN BALEN ET VAN KESSEL

4 — *L'Automne.*

BELLOTTO

5 — *Vue de monuments italiens.*

BÉNARD

(Attribué à)

7 — *Pastorale.*

BERTIN

(Attribué à)

6 — *Paysage boisé, avec figures : l'Ange et Tobie.*

BLOEMEN

(PEETER VAN)

8 — *Halte de cavaliers.*

BOYENVAL

(1825)

9 — *Seigneurs visitant un ermite.*

BREEMBERG

(Attribué à)

10 — *Monuments en ruines et figures au premier plan.*

BREUGHEL ET VAN BALEN

11 — *Les Forges de Vulcain.*

BREYDEL

(Le chevalier C.)

12-13 — *Combats de cavaliers.*

Deux charmants petits tableaux, en pendants, très finement peints.

CIGOLI

(CARLO)

14 — *Saint François.*

CLOUET

(École de)

15 — *Portrait présumé d'Agnès Sorel.*

COYPEL

(CHARLES)

16 — *La Dame au manchon.*

COYPEL

(D'après)

17 — *Esther et Assuérus.*

CRANACH

(LUCAS)

18 — *La Vierge, l'Enfant Jésus, sainte Catherine et saint Joseph.*

Deux anges couronnent Marie.

CROOS

(JAN VAN)

19 — *Troupeau de bœufs sur une route, aux abords d'une ville.*

CUYP

(Genre de)

20 — *Cavalier, de profil, dans un paysage.*

CUYP

(Attribué à ALBERT)

21 — *Bestiaux au repos près d'un pont.*

DE MARNE

22 — *Les Bûcherons.*

Dans une forêt traversée par un torrent, les bûcherons sont au travail, abrités sous une sorte d'auvent attenant à une hutte en paille. Une femme porte un enfant dans ses bras. Des chèvres, un chien, un cheval blanc dételé, complètent la composition.

DE NOTER

(P. F.)

23 — *Le Marché aux poissons.*

DOMINIQUIN

(LE)

24 — *Persée délivrant Andromède.*

DUPLESSIS

(M. H.)

25 — *Campement de soldats.*

26 — *L'Abreuvoir.*

DYCK ?

(ANTON VAN)

27 — *L'Adoration des Mages.*

Esquisse.

DYCK

(Attribué à A. VAN)

28 — *Judith.*

Elle vient de décapiter Holopherne, et rend grâce au ciel du succès de sa mission.

F d A

(Initiales)

29 — *La Bergère.*

Peinture sur cuivre dans la manière de A. Vanden Velde.

FRAGONARD

(Attribué à)

30 — *La Jeune Mère.*

FRANCK ET BREUGHEL

31 — *Les Forges de Vulcain.*

GAMELIN

(JACQUES)

32 — *La Lecture de la gazette.*

Un vieux soldat, assis près d'une table et éclairé par une lampe, lit un journal à des contrebandiers espagnols qui l'entourent.

GIORDANO

(LUCAS)

33 — *Grande composition allégorique.*

GIRODET-TRIOSON

34 — *Le Sommeil d'Endymion.*

GLAUBER

35 — *Les Baigneuses.*

Paysage avec palais en ruines.

GOUBAU

(ANTON)

36 — *L'Hôtellerie italienne.*

Une femme assise devant la porte de l'hôtellerie s'apprête à éplucher des choux, le cabaretier pose une fiasque sur la table, des paysans jouent aux cartes.

Cadre sculpté.

GRYFF

(ANTOINE)

37 — *Chien et gibier.*

Épagneul blanc tacheté de fauve couché auprès d'un trophée de chasse; héron suspendu à une branche, lièvre, perdrix et divers oiseaux étendus sur le sol.

HAGEN

(VANDER)

38 — *Bouquets d'arbres au bord d'une rivière.*

HAMILTON

39 — *Fleurs, insectes et poissons.*

Cadre sculpté.

HOBBEMA

(Manière de)

40 — *Les Blanchisseries.*

HUYSMANS DE MALINES

41 — *Paysage boisé avec terrains sablonneux.*

IBBETSON

(J. CÉSAR)

42 — *Environs de Ventnor, île de Wight.*

KONING

(Signé P. DE)

43 — *Paysage d'hiver et figures.*

LAAR

(PIERRE DE)

44 — *Le Repos des moissonneurs.*

LANTARA

45 — *Le Vieux Pont.*

Figures par Duval.

MANGLARD

46 — *Barque de pêche amarrée auprès de rochers.*

MEULEN

(École de VANDER)

47 — *Une Bataille.*

Louis XIV et des généraux au premier plan.

MIERIS

(WILLEM)

48 — *Un Pirate.*

Vu à mi-corps, une main sur la hanche, un manteau rouge jeté sur l'épaule, il est coiffé d'une toque de velours à aigrette, serrée sur le front par une écharpe multicolore. Il fait une grimace comique. Dans le lointain, un vaisseau amarré dans un port de mer.

Petit tableau d'une précieuse exécution.

MIERIS

(W.)

49 — *La Joueuse de mandoline.*

MIGNARD

(PIERRE)

50 — *Les Jeux de l'enfance.*

Une quinzaine d'enfants nus se récréent dans un paysage en jouant au volant, à la balançoire, en grimpant sur les arbres ; l'un d'eux est porté en triomphe par ses petits compagnons.

Agréable composition. Cadre sculpté.

MOLENAER

51 — *Danse au cabaret.*

MOMPER

(JOSSE DE)

52 — *Le Retour du marché.*

Chariots et villageois sur une route bordée de rochers. Au loin, une ville baignée par une rivière.

MONI

(LOUIS DE)

53 — *L'Opérateur de village.*

OTTO MARCELLIS

54 — *Plantes, serpent et papillons.*

POURBUS

(École de)

55 — *Portrait de femme, en buste.*

POUSSIN

(École de N.)

56 — *Offrande au Dieu Terme.*

PYNACKER

(ADAM)

57 — *Animaux en forêt.*

Un âne et une vache, sous un rayon de soleil, sont arrêtés dans une forêt de chênes.

Bon tableau du maître, signé en toutes lettres.

PYNACKER

(Genre de)

58 — *Cavaliers sur une route, auprès d'une chute d'eau.*

RAOUX

(Genre de)

59 — *Le Concert.*

RESTOUT

60 — *Un Incendie.*

RIBERA

(Attribué à)

61 — *La Sainte Famille.*

RICCI

(Attribué à)

62 — *Sujet allégorique.*

RUBENS

(École de)

63 — *La Mise au tombeau.*

RUDDER

64 — *Pâtre italien.*

Dessin.

65 — *Groupe d'enfants.*

Sanguine.

SAFTLEVEN

(HERMANN)

66 — *Paysage avec cascades.*

67 — *Paysage avec torrent.*

Deux pendants.

SALVATOR

(École de)

68 — *Port de mer.*

SARRAZIN

69 — *Tour au bord de l'eau.*

SCHLOSSER

(LÉOPOLD)

70 — *Les Bûcherons.*

Tableau signé des initiales S. L., et daté de 1840.

SCHUT

(C.)

71 — *L'Enlèvement d'Europe.*

72 — *Diane et Calisto.*

SIBERECHTS

73 — *Le Passage du gué.*

Dans un bois, une paysanne montée sur un cheval blanc et précédée d'un chien, fait traverser un cours d'eau à plusieurs vaches.

Signé et daté 1670.

SINIBALDI

(Signé)

74 — *Femme à la fenêtre.*

STEEN

(Genre de J.)

75 — *Le Maître d'école.*

STROZZI

(BERNARDINO)

76 — *Saint Paul.*

TENIERS

(École de)

77 — *Danse de villageois.*

TENIERS

(Père)

78 — *Joueur de cornemuse et pâtre gardant des bestiaux.*

TERBURG

(Attribué à G.)

79 — *La Musicienne.*

De profil, assise devant une table sur laquelle est ouvert un cahier de musique, elle joue de la mandoline. Un jeune homme, le chapeau à la main, se tient debout derrière sa chaise.

TIÉLIUS

(J.)

80 — *Portrait d'un commerçant.*

TORREGIANI

81 — *Paysage montagneux traversé par une rivière.*

UDEN

(LUCAS VAN)

82 — *Route encaissée dans les rochers et village dans le lointain.*

VERNET

(D'après HORACE)

83 — *Étude prise dans la Smala.*

VERSCHURING

(H.)

84 — *La Bonne Aventure.*

Auprès d'une femme assise, un enfant couché sur les genoux, une bohémienne prend la main d'un homme vêtu d'un gilet en peau et d'un grand manteau; d'autres figures, un cheval et deux chiens, animent le premier plan. Au fond, un château et une rivière avec pont. Signé à droite.

WATTEAU

(École de A.)

85 — *Concert dans un parc.*

WATTEAU

(Genre de)

86 — *Réunion galante.*

WIGMANA

87 — *Mars et Vénus.*

Signé des initiales W. M.

ÉCOLE ALLEMANDE

88 — *Jésus devant Pilate.*

ÉCOLE FLAMANDE

89 — *La Promenade en barque.*

ÉCOLE FLAMANDE

90 — *Polyptyque représentant le Jugement dernier, le Paradis, l'Enfer et deux portraits de donateurs.*

Dessin.

ÉCOLE FLORENTINE

91 — *Quatre peintures dans le même cadre.*

ÉCOLE FRANÇAISE

92 — *Portrait de femme, coiffée d'un foulard blanc.*

ÉCOLE FRANÇAISE

93 — *Études de têtes.*

ÉCOLE HOLLANDAISE

94 — *Le Repos de la Sainte Famille.*

ÉCOLE ITALIENNE

95 — *Bacchus et Ariane.*

ÉCOLE ITALIENNE

96 — *Allégorie religieuse.*

Esquisse.

97 — *Une gravure d'après Rembrandt.*

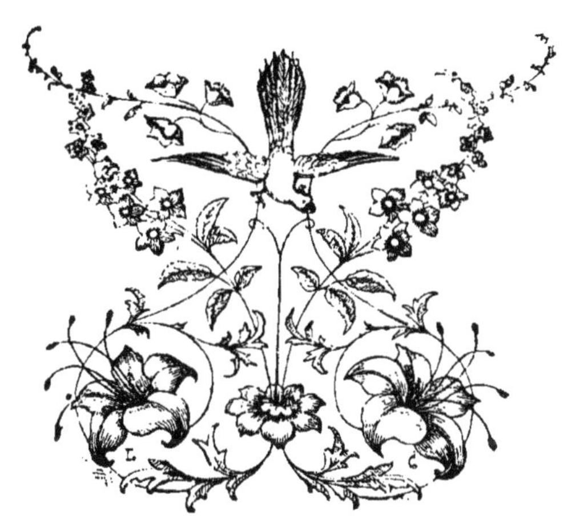

www.ingramcontent.com/pod-product-compliance
Ingram Content Group UK Ltd.
Pitfield, Milton Keynes, MK11 3LW, UK
UKHW020528180726
13839UKWH00005B/2378

9 782329 542096